AF234729

Impressum
Verlag: BABADADA GmbH, Nedderfeld 112 , 22529 Hamburg
Geschäftsführer / Verlagsleitung: Harald Hof
Druck: Books on Demand GmbH, In de Tarpen 42, 22848 Norderstedt

Imprint
Publisher: BABADADA GmbH, Nedderfeld 112 , 22529 Hamburg, Germany
Managing Director / Publishing direction: Harald Hof
Print: Books on Demand GmbH, In de Tarpen 42, 22848 Norderstedt, Germany

делити
qeybi

186/2

плоча
sabuurad

учиона
fasal

школско дворище
barxad dugsi

наставник
macallin

папир
warqad

писати
qorraxeed

хемијска оловка
qalin

писаћи сто
miis

лењир
mastarad

књига
buug

ученик
arday

торба
boorso

перница
kiis qalin-qori

графитна оловка
qalin-qori

шиљило за оловке
koobka qalin qor

гумица за брисање
titirre

блок за цртање
buugga sawirka

црцеж

sawirid

кист

burushka midabaynta

кутија са бојама

gasaca midabaynta

маказе

maqasyo

лепило

koollo

бележница

buug qoraal

домаћи задатак

shaqo-guri

број

lambar

сабирати

ku dar

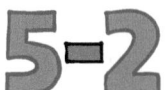

одузимати

ka jar

множити

ku dhufo

рачунати

xisaabi

слово

warqad

абецеда

alifbeeto

hello

реч

erey

текст

qoraal

читати

akhri

креда

jeesto

час

cahsar

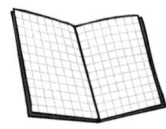

дневник

diiwaan

испит

imtixaan

сведочанство

shahaado

школска униформа

direes dugsi

образовање

waxbarasho

лексикон

diwaan mowduuceed

универзитет

jaamacad

микроскоп

mayskariskoob

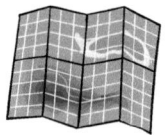

карта

khariidad

кошара за папир

haan qashin-gur

путовање

safar

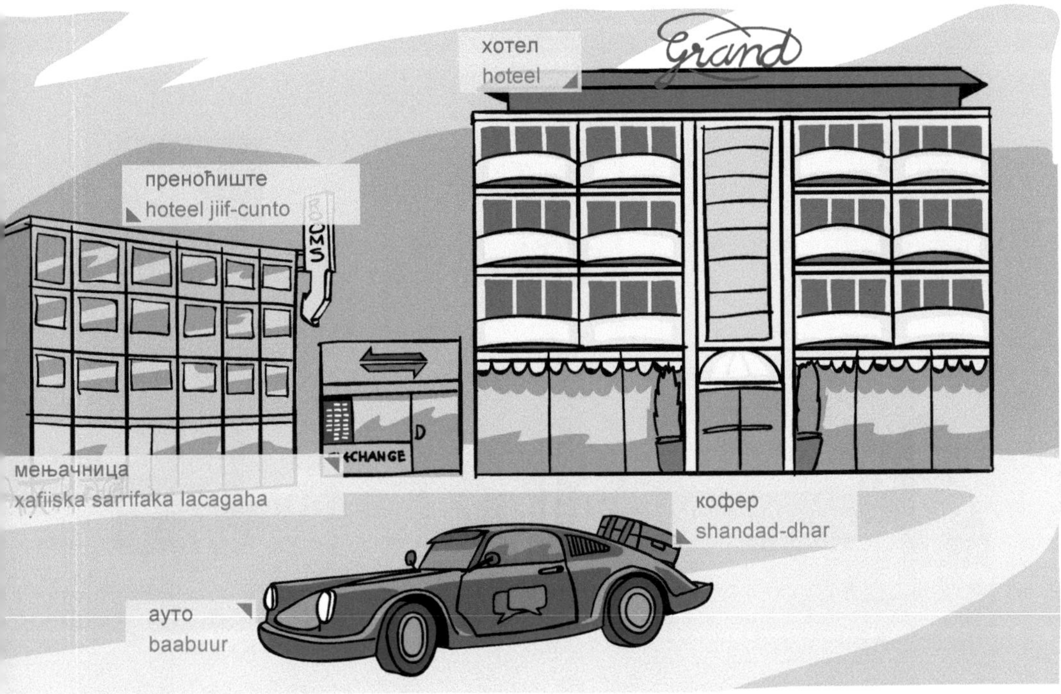

хотел
hoteel
Grand
преноћиште
hoteel jiif-cunto
ROOMS
мењачница
xafiiska sarrifaka lacagaha
EXCHANGE
кофер
shandad-dhar
ауто
baabuur

језик

luuqad

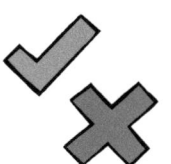

да / не

haa / maya

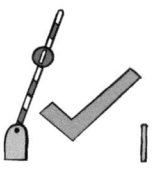

океј

Hagaag

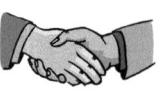

здраво

nabad miyaa

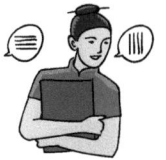

преводилац

turjumaan

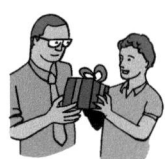

хвала

Waad mahadsan tahay

Колико кошта...?	не разумем	проблем
waa immisa...?	ma aanan fahamin	dhibaato

добро вече!	Добро јутро!	Лаку ноћ!
galab wanaagsan!	subax wanaagsan!	habeen wanaagsan!

довиђења	смер	пртљага
nabad gelyo	jiho	alaabo

торба	руксак	гост
boorso	boorso-dhabar	marti

соба	вређа за спавање	шатор
qol	katiifad	teendho

туристичке информације

xog dalxiis

плажа

xeebta

кредитна картица

kaar amaah

доручак

quraac

ручак

qado

вечера

casho

карта за вожњу

rasiid

лифт

wiish

поштанска маркица

tiimbare

граница

xuduud

царина

qeybta-canshuur-bixinta

амбасада

safaarad

виза

dal ku gal

пасош

baasaboor

транспорт
gaadiid

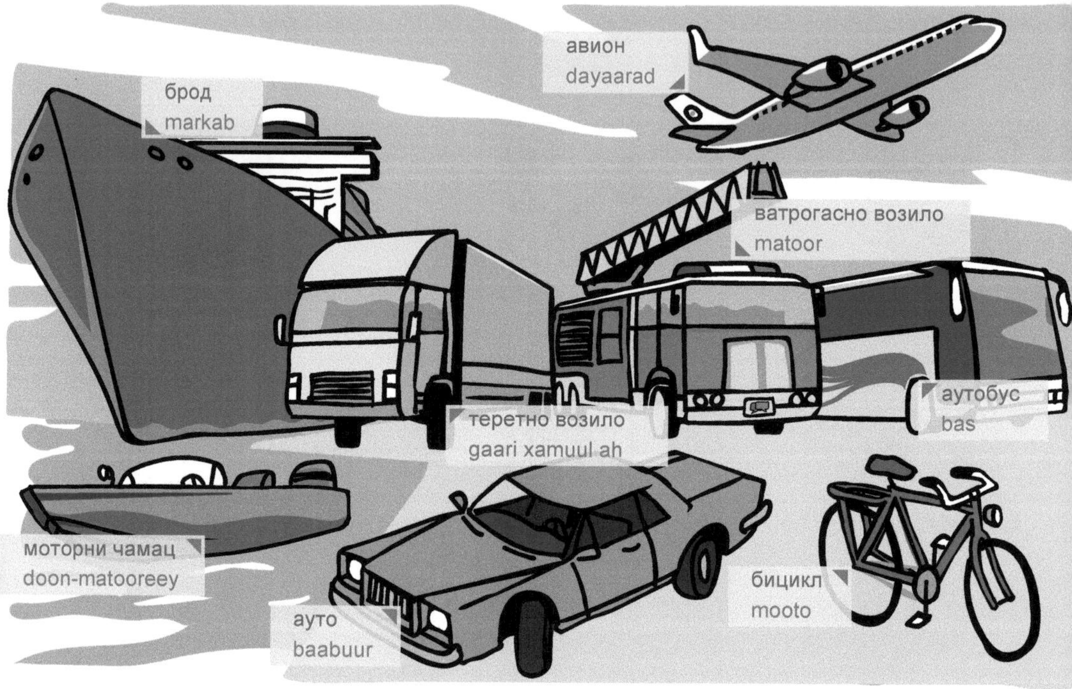

авион
dayaarad

брод
markab

ватрогасно возило
matoor

теретно возило
gaari xamuul ah

аутобус
bas

моторни чамац
doon-matooreey

ауто
baabuur

бицикл
mooto

трајект

doon

чамац

doonnida

мотоцикл

mooto

полицијски ауто

baabuur booliis

тркаћи ауто

baabuur baratan

изнајмљено ауто

baabuur la-kiraysto

8

дељење аутомобила

gaadiid-wadaag

вучно возило

wiishle

возило за одвоз смећа

gaari qashin-gure

мотор

matoor

бензин

shidaal

бензинска станица

ajib

саобраћајни знак

calaamad taraafiko

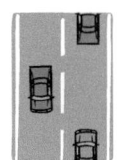

саобраћај

taraafiko

застој

jaam baabuur

паркиралиште

baarkin-baabuur

железничка станица

boosteejo tareen

шине

waddo-tareen

воз

tareen

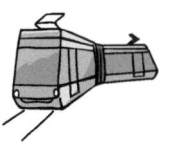

трамвај

taraam

вагон

gaari faras

хеликоптер

helikobtar

аеродром

garoonka dayuuradaha

кула

manaarad

путник

rakaab

контејнер

weel

картон

kartoon

колица

gaari faras

корпа

dambiil

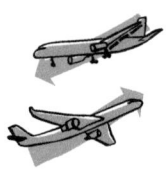

узлетети / слетети

kicid / degis

град

magaalo

село

tuulo

центар града

faras magaale

кућа

guri

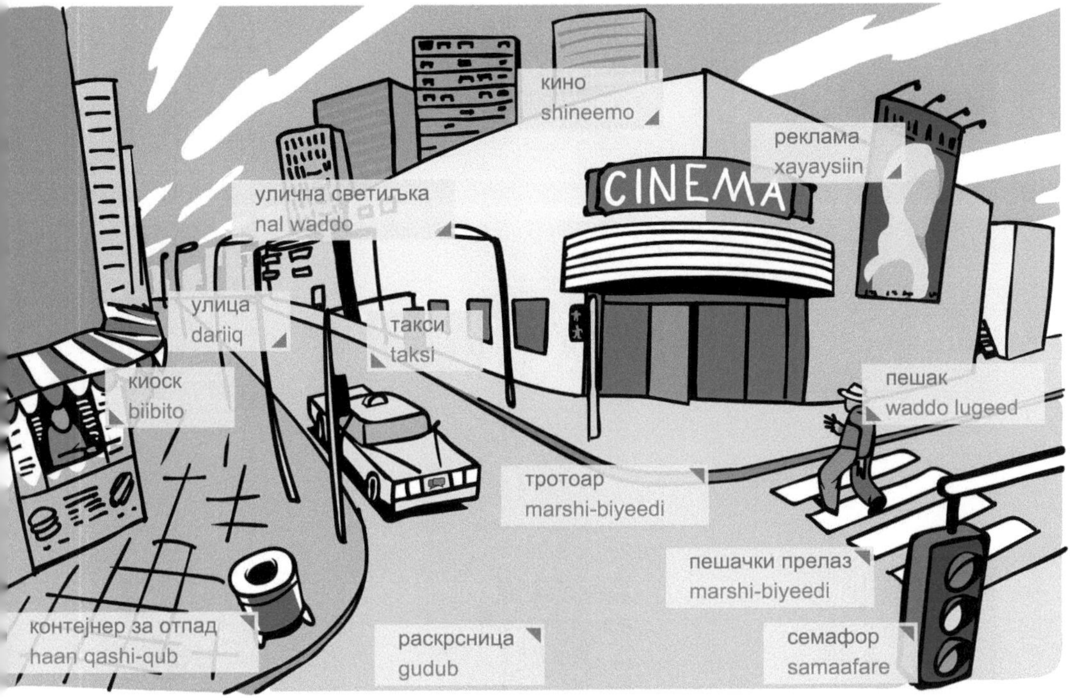

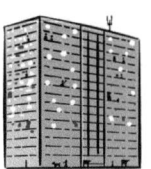

кино
shineemo

реклама
xayaysiin

улична светиљка
nal waddo

улица
dariiq

такси
taksi

киоск
biibito

пешак
waddo lugeed

тротоар
marshi-biyeedi

пешачки прелаз
marshi-biyeedi

контејнер за отпад
haan qashi-qub

раскрсница
gudub

семафор
samaafare

колиба
mundul

стан
dabaq

железничка станица
boosteejo tareen

већница
xarunta dowladda-hoose

музеј
matxaf

школа
dugsi

универзитет

jaamacad

банка

bangi

болница

isbitaal

хотел

hoteel

апотека

farmasi

канцеларија

xafiis

књижара

buug shoob

продавница

dukaan

цвећара

dukaan ubax

супермаркет

carwo

трг

suuq

робна кућа

suuq weyne

рибарница

kalluun-iibshe

трговачки центар

suuq

лука

furdo

парк

jardiino

клупа

kursi

мост

buundo

степенице

jaraanjaro

подземна железница

waddo-tareen-hoosaad

тунел

waddo-dhul hoose

аутобуска станица

boosteejo

бар

baar

ресторан

makhaayad

поштанско сандуче

sanduuq boosto

улични знак

calaamad waddo

паркирни аутомат

joogid-cabbire

зоолошки врт

beer-xayawaan

базен

barkad dabbaalasho

џамија

masaajid

сеоско газдинство

beer

загађење околине

naqas

гробље

qabuuro

црква

kaniisad

игралиште

garoon

храм

macbad

пејсаж
muqaal-dhireed

лист
caleen

путоказ
calaamad-waddo

пут
waddo

ливада
seere

камен
dhagax

дрво
geed

шетач
buur korre

река
webi

трава
caws

цвет
ubax

долина	планина	језеро
dooxo	buur	laag
	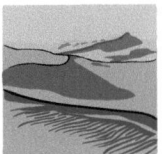	
шума	пустиња	вулкан
kayn	saxare	foolkaano

дворац	дуга	гљива
qasri	qaanso-roobaad	barkin-waraabe

палма	москито	мува
geed timireed	kaneeco	duqsi

мрав	пчела	паук
qoraanjo	shinni	caaro

буба

dameer-duudeey

жаба

rah

веверица

dabagaalle

јеж

kashiito

зец

dabagaalle

сова

guumeys

птица

shimbir

лабуд

boolo-boolo

дивља свиња

doofaar-jilibeey

јелен

deero

лос

faras-duur

насип

biyo-xireen

ветрењача

tamar-dhaliye

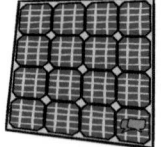

соларна плоча

soollar

клима

cimilo

ресторан
makhaayad

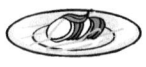

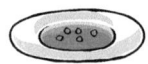

конобар
kabalyeeri
јеловник
warqad qiimo
столица
kursi
супа
maraq
пица
biise
прибор за јело
alaab
столњак
maro-miis

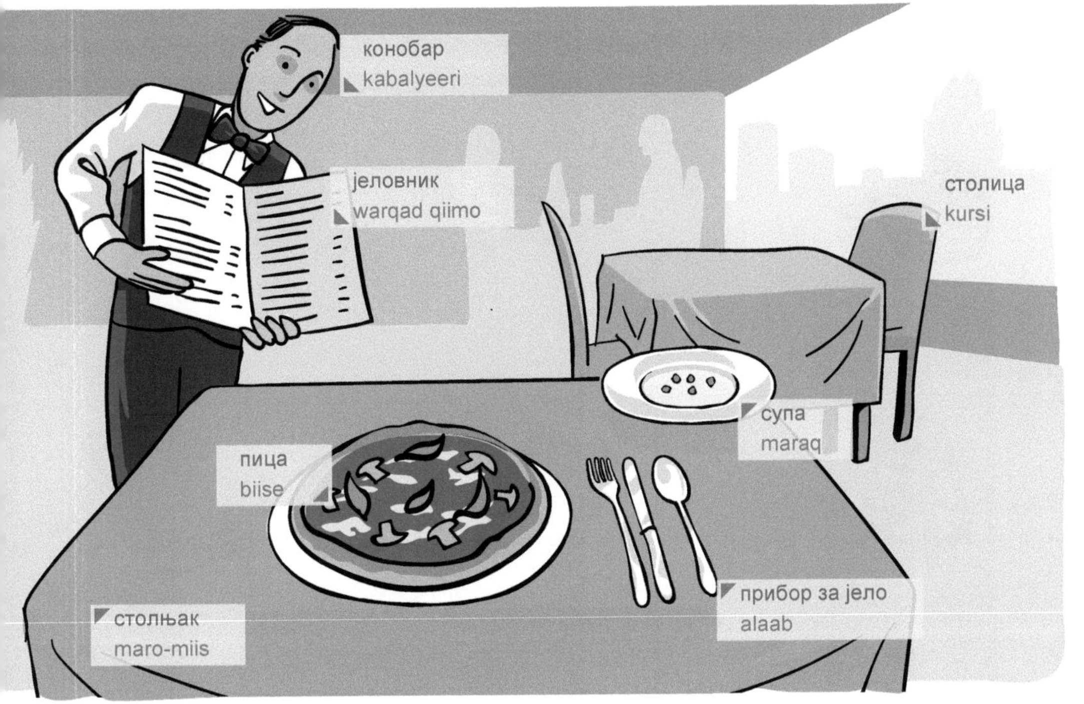

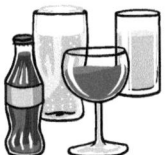

предјело

af-billow

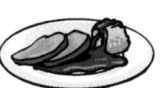

главно јело

cunto bariimo

десерт

macmacaan

напитци

cabitaan

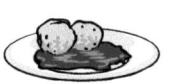

јело

cunto

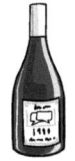

флаша

dhalo

брза храна

cunto diyaarsan

имбис храна

cunto-waddo

чајник

jalmad shaah

доза за шећер

weelka sonkorta

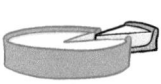

порција

qayb

апарат за еспресо

mashiinka isbareesada

висока столица

kursi dheer

рачун

biil

послужавник

tereey

нож

mindi

виљушка

fargeeto

кашика

qaaddo

чајна кашика

malqacad-shaah

салвета

shukumaan miis

чаша

galaas

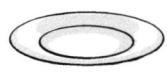

тањир
....
saxan

тањир за супу
....
saxanka maraqa

тањирић
....
saxan

сос
....
suugo

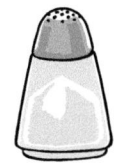

сољенка
....
weelka cusbada

млин за бибер
....
basbaas shiide

сирће
....
fixiye

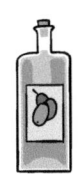

уље
....
saliid

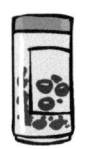 

зачини
....
dhandhanaan

кечап
....
suugo

сенф
....
mastaard

мајонеза
....
mayoonees

супермаркет

carwo

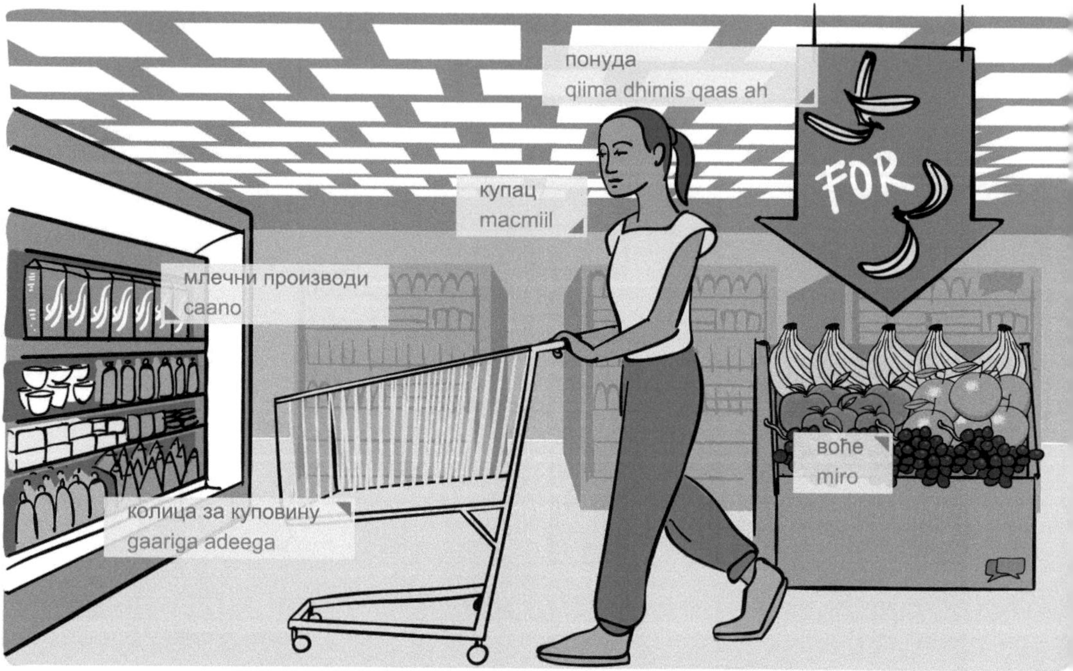

понуда
qiima dhimis qaas ah

купац
macmiil

млечни производи
caano

колица за куповину
gaariga adeega

воће
miro

месница

kawaan

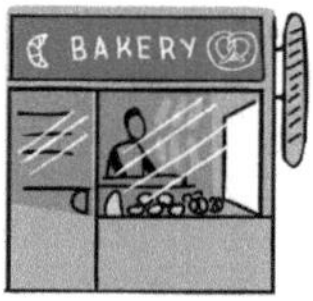

пекара

foorno

вагати

cabbir

поврђе

khudaar

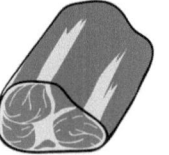

месо

hilib

смрзнута храна

cunto la qaboojiyay

нарезак

hilibka qadada

конзерве

cunto gasacadeysan

средство за прање

oomo

слаткиши

macmacaan

артикли за домаћинство

alaabada guri

средства за чишћење

alaabo nadaafad

продавачица

iibshe

блатajна

diiwaan lacagta

благајник

qasnaji

листа за куповину

liis adeeg

време рада

saacadaha shaqo

новчаник

shandada jeebka

кредитна картица

kaar amaah

торба

bac

пластична кеса

bac

напитци
cabitaan

вода

biyo

сок

casiir

млеко

caano

кола

kooka-kola

вино

khamri

пиво

biir

алкохол

khamri

какао

kooke

чај

shaah

кава

kafee

еспресо

isberesso

капућино

koobishiin

банана

muus

јабука

tufaax

наранџа

liin-bambeelmo

лубеница

qare

лимун

liin

шаргарепа

karooto

бели лук

toon

бамбус

baambuu

лук

basal

гљива

barkin-waraabe

орашасти плодови

loos

резанци

baasto

шпагете

baasto

рижа

bariis

салата

salar

помфрит

jibsi

печени крумпир

baradho shiilan

пица

biise

хамбургер

haambeegar

сендвич

saanwij

шницла

hilib-jiir

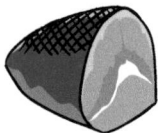

шунка

hilib-doofaar

салама

salami

кобасица

sooseej

кокош

hilib-digaag

печење

duban

риба

kalluun

зобене пахуљице

sareenta mashaarida

мусли

quraac isku-dhafan

кукурузне пахуљице

daango

брашно

bur

кроасан

nooc rooti ah

пециво

rooti

хлеб

rooti

тоаст

rooti-la-kulluleeyey

кекси

buskud

маслац

subag

свежи сир

hanti

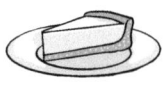

колач

doolsho

jaje

ukun

jaje на око

ukun shiilan

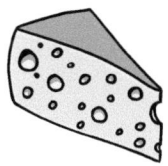

сир

burcad

сладолед

jalaato

шећер

sonkor

мед

malab

мармелада

malmalaado

нугат крема

labeen macmacaan

кари

suugo

сеоско газдинство

beer

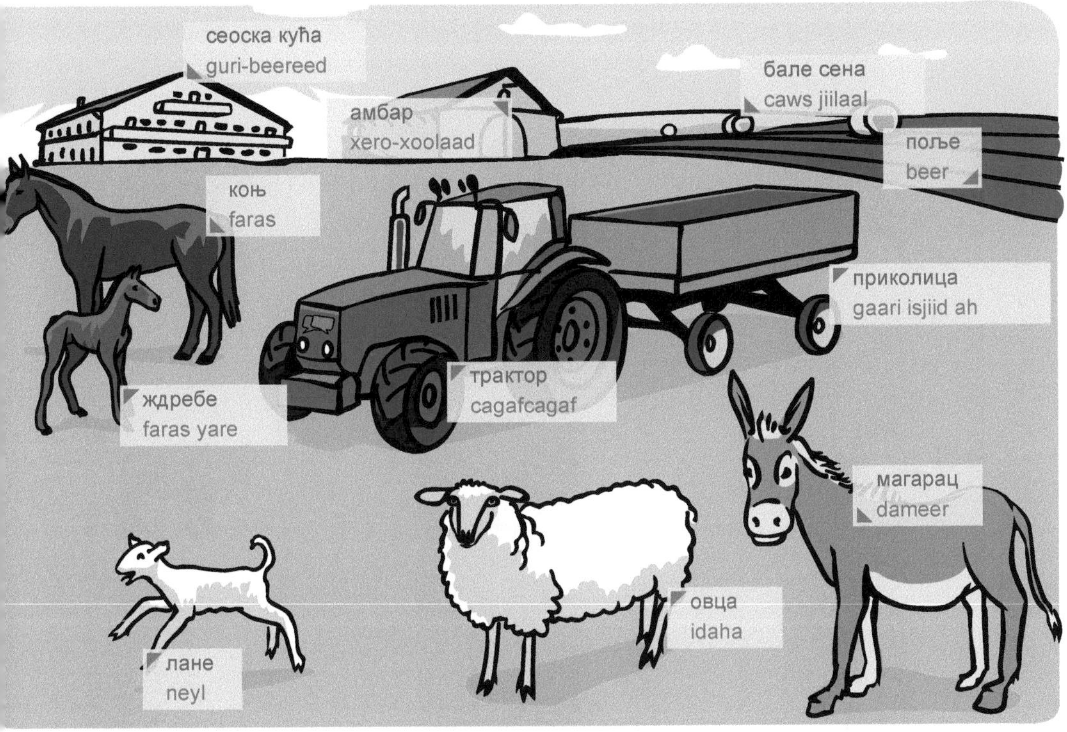

сеоска кућа
guri-beereed
бале сена
caws jiilaal
амбар
xero-xoolaad
поље
beer
коњ
faras
приколица
gaari isjiid ah
трактор
cagafcagaf
ждребе
faras yare
магарац
dameer
овца
idaha
лане
neyl

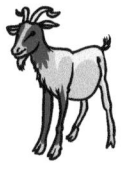

коза

ri'

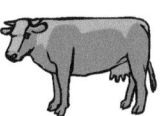

крава

sac

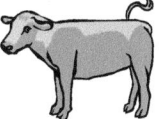

теле

weyl

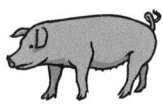

свиња

doofaar

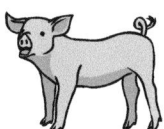

прасе

dhal doofaar

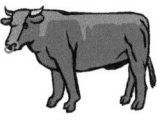

бик

dibi

гуска

bawaato lab

патка

bawaato

пилићи

jiijiile

кокош

digaag

петао

diiq

пацов

doolli

мачка

bisad

миш

jiir

вол

dibi

пас

eey

кућица за пса

hoyga eeyga

вртно црево

tuubbo waraab

канта за поливање

sakeelka waraabinta

коса

gudin

плуг

carro-roge

српски
gudin

мотика
yaambo

виљушка за ђубриво
fargeeto caws-beereed

секира
faas

тачке
gaari -gacan

корито
dar

посуда за млеко
dhalada caanaha

врећа
jawaan

ограда
deer

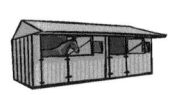

штала
xero xooleed

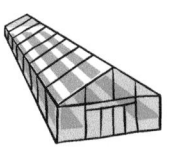

стакленик
gur-biqlin-dhireed

земља
ciidda

семе
abuuka

ђубриво
bacrimiye

комбајн
cagafta beer-goynta

жети

beer-goyn

жетва

beer-gooyn

јамс зачин

moxog

пшеница

sarreen

соја

soya

крумпир

baradho

кукуруз

galley

уљана репица

geed-saliideed

воћка

geed mirood

гомољ маниоке

moxog

житарице

firiley

кућа

guri

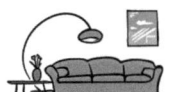

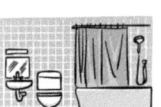

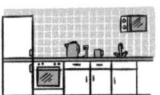

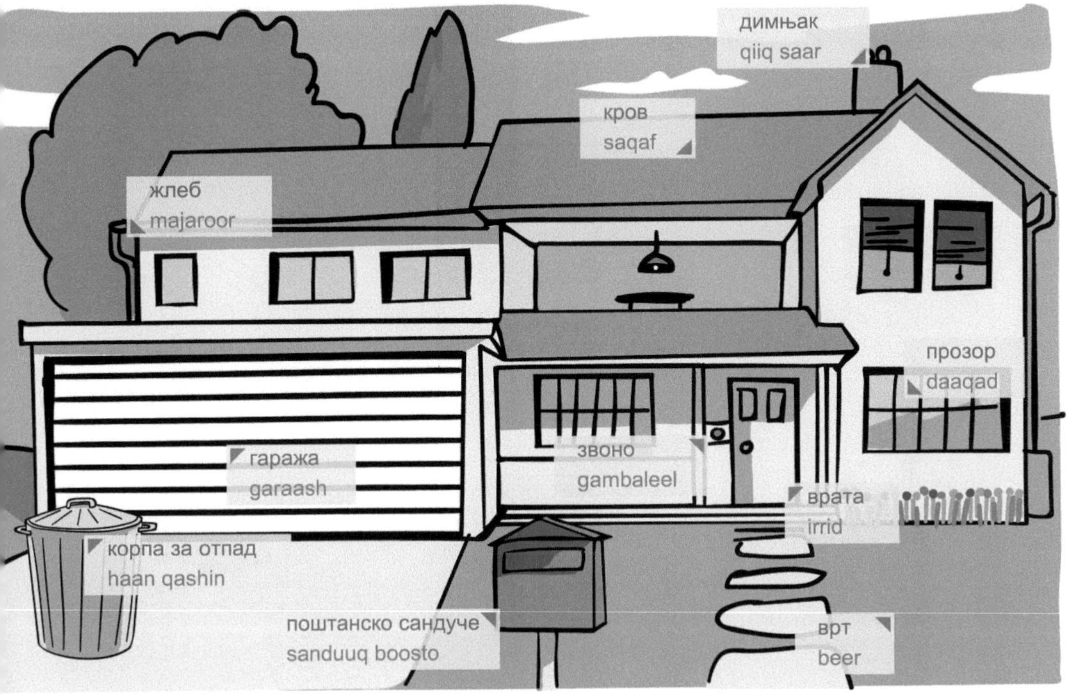

димњак
qiiq saar
кров
saqaf
жлеб
majaroor
прозор
daaqad
гаража
garaash
звоно
gambaleel
врата
irrid
корпа за отпад
haan qashin
поштанско сандуче
sanduuq boosto
врт
beer

дневна соба

qol jiib

купаоница

musqul-qubeys

кухиња

jiko

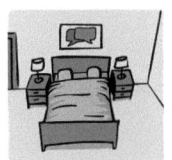

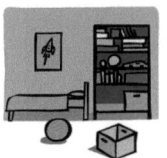

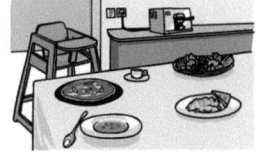

спаваћа соба

qolka jiifka

дечија соба

qolka ilmaha

трпезарија

qolka cuntada

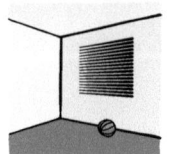

под

sagxad

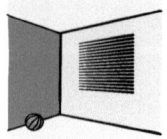

зид

derbi

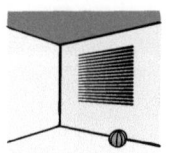

строп

saqaf

подрум

makhaasiin

сауна

soona

балкон

balakoon

тераса

daarad

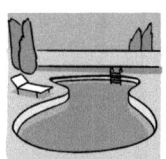

базен

barkad

косилица за траву

caws-jare

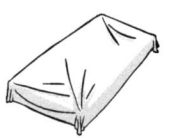

постељина за кревет

buste

дека за кревет

go'

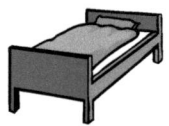

кревет

sariir

метла

xaaqin

канта

baaldi

прекидач

daare-damiye

дневна соба

qol jiib

тапета
sharaaxd-derbi
слика
sawir
светиљка
feynuus
регал
qaanad
ормар
armaajo
телевизија
telefiishan
камин
dab-shid
цвет
ubax
јастук
barkin
кауч
fadhi-carbeed
ваза
dheri-ubax
даљински управљач
rimuud

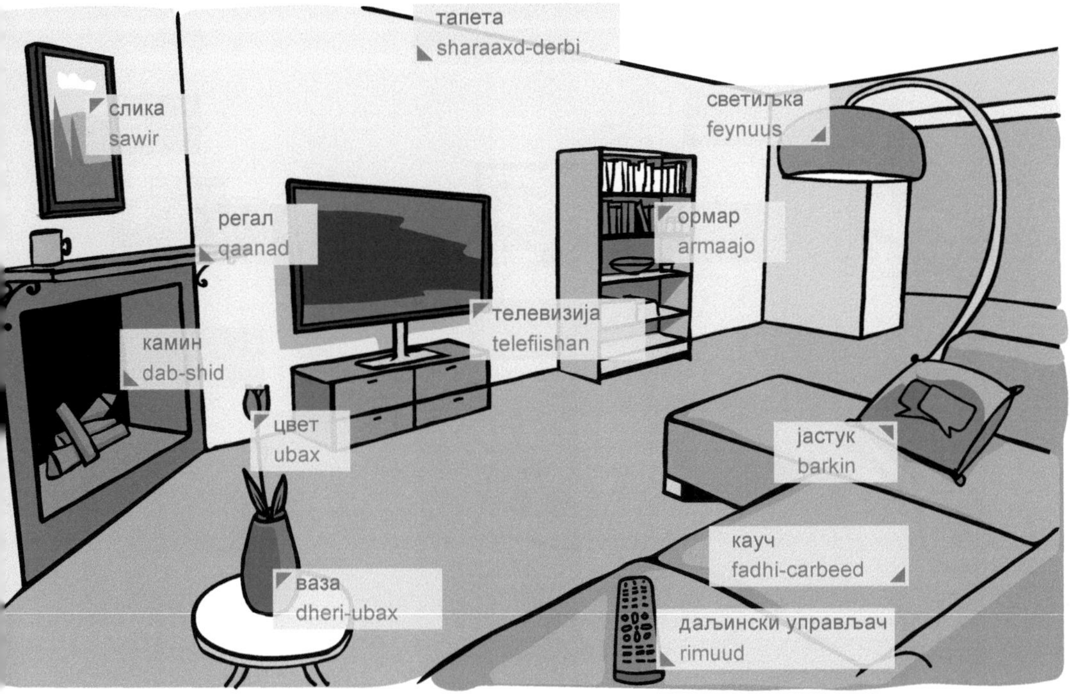

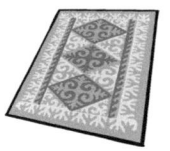

тепих

roog

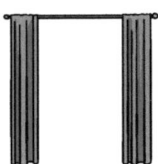

завеса

daah

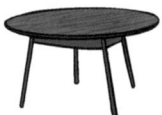

сто

miis

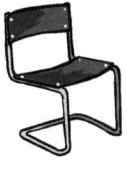

столица

kursi

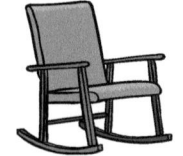

столица за њихање

kursi wareega

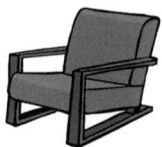

фотеља

kursi fadhi

књига

buug

дека

buste

декорација

qurxin

дрво за огрев

xaabo

филм

filin

хи-фи уређај

cod-baahiye

кључ

fure

новине

wargeys

слика на платну

rinjiyeyn

постер

tabeelo

радио

raadiye

блок за писање

xusuus-qor

усисивач

huufar

кактус

tiitiin

свећа

shumac

кухиња
jiko

фрижидер
qaboojiye
микроталасна рерна
kululeeyso
кухињска вага
miisaan-yaraha jikada
тоастер
rooti-kululeeye
средство за чишћење
oomo
рерна
burjiko
претинац за замрзавање
qaboojiye
корпа за отпад
haan qashin
машина за прање суђа
maacuun-dhaqe

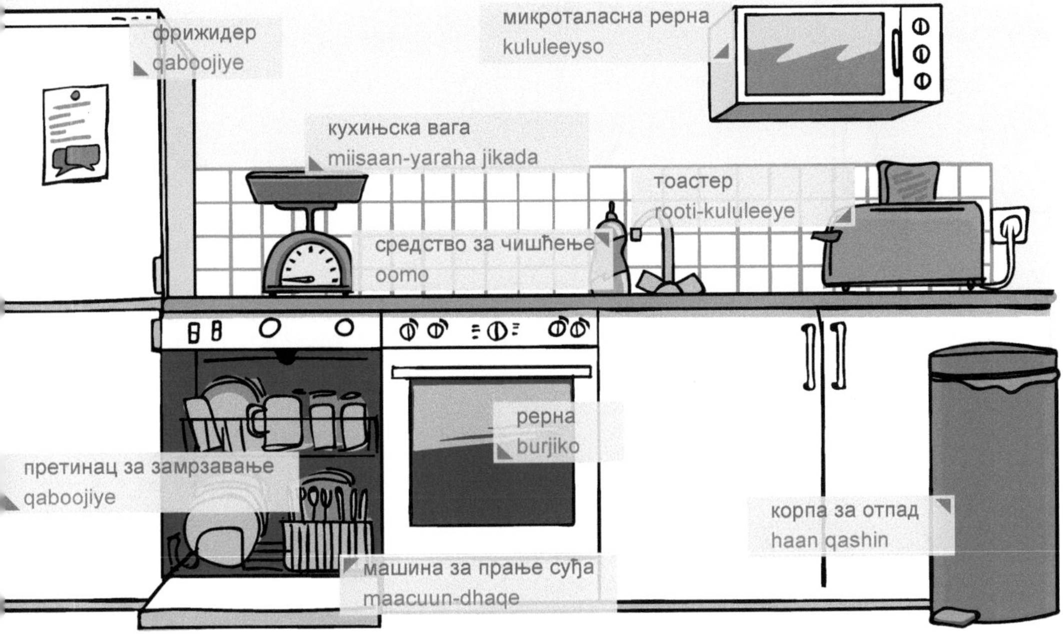

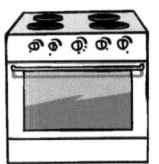

шпорет

kuuker

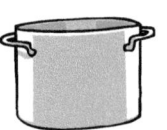

лонац

dheri

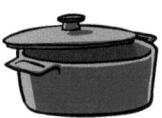

гвоздени лонац

birtaawo

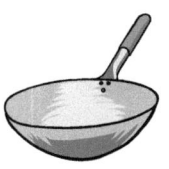

вок / кадаи

birtaawo

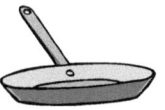

тава

birtaawo

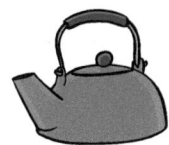

кувало за воду

kirli

кувало на пару

uumiye

лим за печење

saxaarad dubista

посуђе

maacuun

чаша

bakeeri

посуда

baaquli

штапићи за јело

qoryo wax lagu cuno

кутлача

malqacad

лопатица

qaado

пењача

folow

сито за кување

miire

сито

shashaq

рибеж

qudaar-jare

мужар

mooye

роштиљ

hilib-sol

огњиште

dab

даска

alwaaxa wax-jar-jarka

оклагија

ul jabaati

вадичеп

guf-saare

конзерва

gasac

отварач конзерви

gasac-fure

крпа за лонац

istaraasho-jiko

судопер

saxanka-alaab-dhaqa

четка

caday

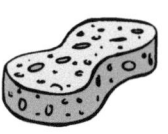

сунђер

isbuunyo

миксер

shiide

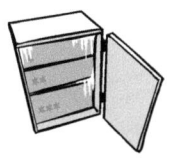

замрзивач

qaabojin qoto-dheer

флашица за бебе

masaasad

славина за воду

tuubbo

купаоница

musqul-qubeys

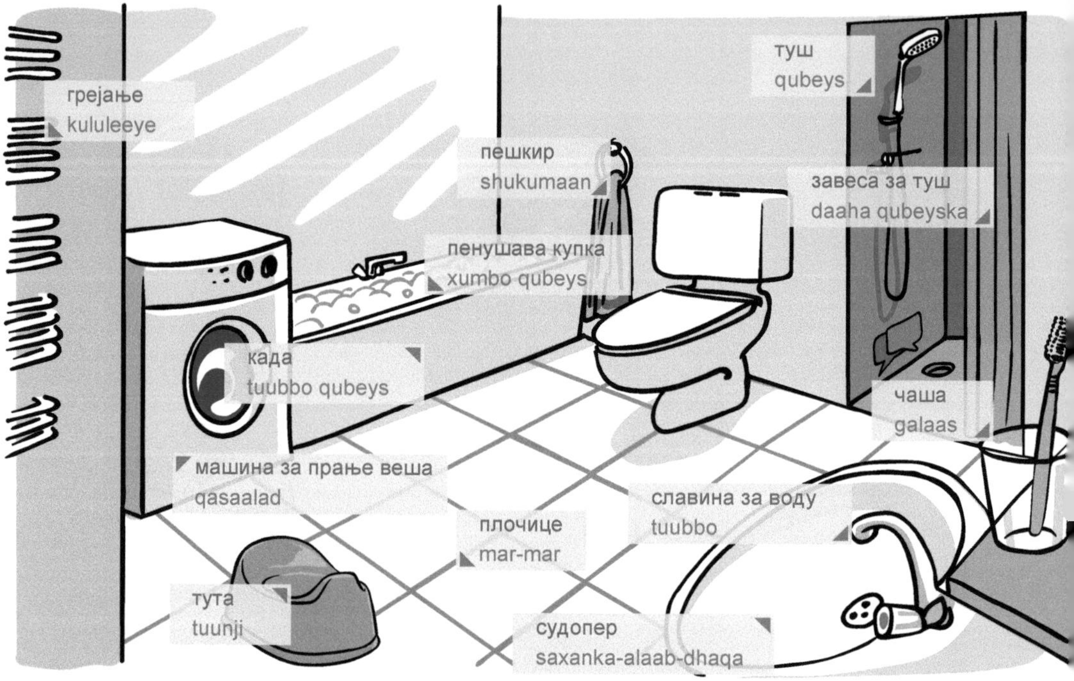

туш
qubeys

грејање
kululeeye

пешкир
shukumaan

завеса за туш
daaha qubeyska

пенушава купка
xumbo qubeys

када
tuubbo qubeys

чаша
galaas

машина за прање веша
qasaalad

плочице
mar-mar

славина за воду
tuubbo

тута
tuunji

судопер
saxanka-alaab-dhaqa

тоалет
musqul

чучавац
musqusha fadhiga

бидет
siin

писоар
weel kaadi

тоалетни папир
tiish musqul

четка за тоалет
burushka musqusha

четкица за зубе

caday

паста за зубе

daawo caday

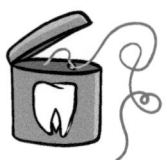

конац за зубе

dunta ilka farashada

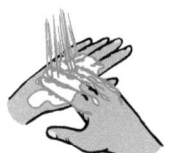

прати

dhaq

туш ручица

gacan qubeys

туш за прање интимних делова

tuubo-musqul

лавор

beeshin

четка за прање леђа

burush-qubeys

сапун

saabuun

гел за туширање

shaambo

шампон

shaambo

крпа за прање

cago-saar

одвод

biyo-saare

крема

kareem

дезодоранс

carfiso

огледало

muraayad

козметичко огледало

muraayad gacmeed

бријач

sakiin

пена за бријање

xumbada xiirashada

лосион за после бријања

daawo gar-xiir

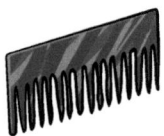

чешаљ

shanlo

четка

burush

фен за косу

fooneeye

спреј за косу

timo-buufis

шминка

waji-qurxiye

руж за усне

rooseeto

лак за нокте

cidiyo-nadiifiye

вата

dun

маказе за нокте

cidiyo-jar

парфем

baarafuun

козметичка торбица

boorso-wajidhaq

столица

saxaro

вага

miisaan culays

огртач

dhar-qubeys

рукавице за чишћење

gacma gashi cinjir

тампон

tambooni

уложак

tiimshe

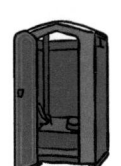

хемијски тоалет

musqul kiimiko

дечија соба

qolka ilmaha

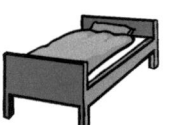

будилник
saacadda dhawaaqda
плишана играчка
boombale caruur
ауто играчка
baabuur caruureed
звечка
sanqadh
кућица за лутке
guriga caruusada
поклон
hadiyad

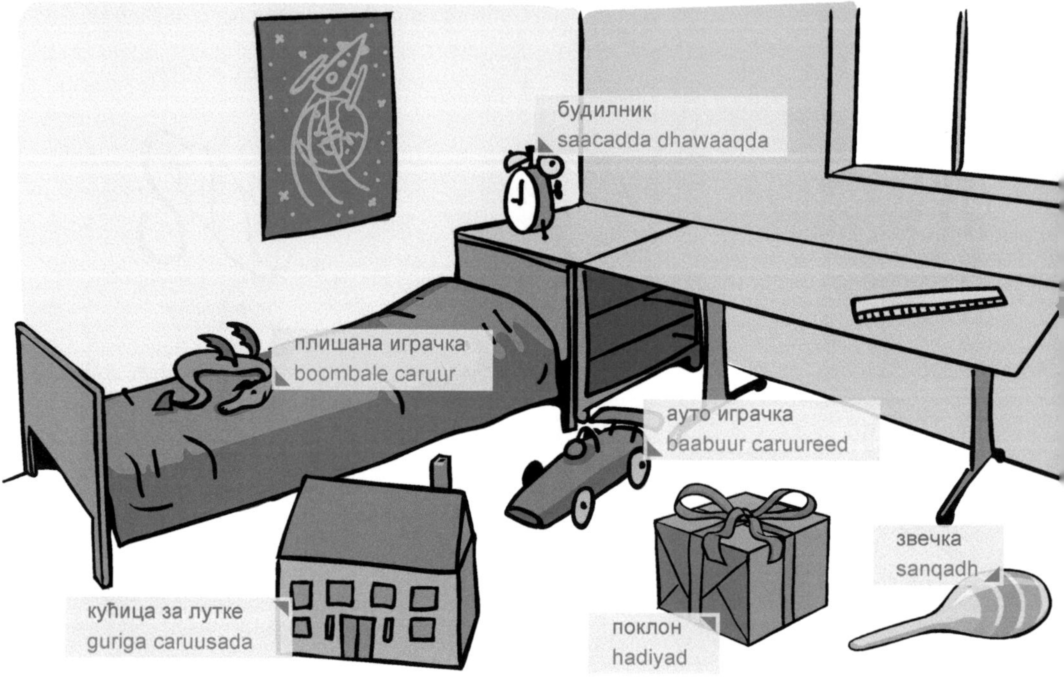

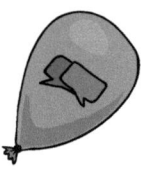

балон

buufin

кревет

sariir

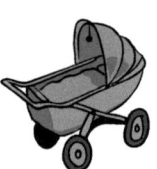

дјечија колица

gaariga caruurta

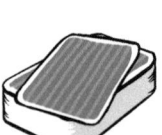

игра са картама

turub

слагалица

miinshaar

SUPER
MEGA

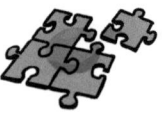

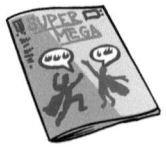

стрип

maad

лего коцкице

bulkeeti boombale ah

коцкице за слагање

tooy

акциони јунак

sanam

бенкица за бебе

isku-jooga dhallaanka

фризби

aalad cayaar

висеће играчке

moobaayl

друштвене игре

khamaar

коцка

laadhuu

минијатурна жељезница

moodo tareen

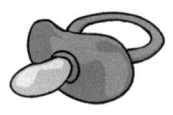

дуда

boombale

забава

xaflad

сликовница

buug sawirro

лопта

kubbad

лутка

boombale

играти

cayaar

пешчаник

dhoobo-dhoobeey

љуљачка

wiifoow

играчка

alaab-alaabeey

конзола за игре

geemka gacanta laga hago

трицикл

baaskiil

теди

boombale

ормар

armaajo dhar

одећа
dhar

кратке чарапе

sigisaan

чарапе

sigsaan haween

хулахопке

surwaal-dhuuqsan

шал
masar

каиш
suun

кишобран
dallad

мајица
funaanad

чизме
kabo buud

патике
kabo tababar

папуче
dacas

сандале
....
saandalo

ципеле
....
kabo

гумене чизме
....
kabo roob

гаћице
....
hoos-gashi

грудњак
....
rajabeeto

поткошуља
....
garan

одећа - dhar

45

боди

jir

панталоне

surwaal

фармерке

surwaal jeenis

сукња

goono

блуза

canbuur

кошуља

shaati

џемпер

funaanad-dhaxameed

џемпер с капуљачом

garan dhaxameed

сако

jaakad fudud

јакна

jaakad

мантил

koodh

кабаница

koodhka roobka

костим

dhar-munaasabadeed

хаљина

labbis

венчаница

lebbis aroos

одело

suut

спаваћица

dhar-hurdo

пиџама

bajaamo

сари

saari

марама за главу

masar

турбан

cimaamad

бурка

cabaayad

кафтан

saako

абаја

cabaayad

купаћи костим

dharka-dabaasha

купаће гаћице

dabo-gaabyo

кратке панталоне

surwaal-dabagaab

одећа за тренинг

taraak-suut

кецеља

dufan-dhowr

рукавице

gacmo gashi

дугме

galluus

наочаре

ookiyaale

наруквица

jijin

огрлица

silis

прстен

faraati

наушница

dhego dhego

капа

koofiyo

вешалица

katabaan

шешир

koofiyad

кравата

garabaati

патент затварач

jiinyeer

кацига

helmed

нараменице

ilko-reeb

школска униформа

direes dugsi

униформа

direes

подбрадак

cayo-dhowr

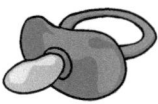

дуда

boombale

пелена

maro-dufeed

канцеларија
xafiis

сервер
khad-bixiye

ормар за списе
armaajo feylal

штампач
daabace

папир
warqad

монитор
shaashad

писаћи стол
miis

миш
hage kombuyuutar

мапа
gal

тастатура
teeb-kombuyuutar

кошара за папир
haan qashin-gur

компјутер
kombuyuutar

столица
kursi

шалица за каву

koob kafee

калкулатор

kalkuleytar/xisaabiye

интернет

internet

лаптоп

laabtoob

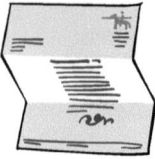

писмо

bakhshad

порука

fariin

мобилни телефон

moobaayl

мрежа

shabakad-kombuyuutar

уређај за копирање

footokoobi

софтвер

barnaamij-kombuyuutar

телефон

telefoon

утичница

god koronto

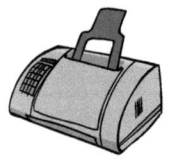

факс

mishiinkan fax-ka

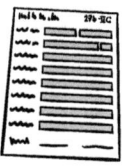

формулар

foomka

документ

dokumenti

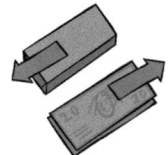

куповати

iibso

платити

bixi

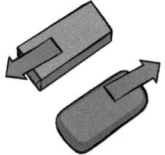

трговати

ganacso

новац

lacag

долар

doollar

евро

yuuro

јен

yenka jabbaan

рубља

robolka ruushka

швајцарски франак

Franka iswiiska

ренминдби јуан

lacagta shiinaha

рупија

rubiyada hindiga

аутомат за новац

maqal

мењачница

xafiiska sarrifaka lacagaha

злато

dahab

сребро

qalin

нафта

shidaal

енергија

tamar

цена

qiime

уговор

qandaraas

порез

canshuur

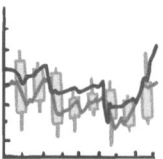

деонице

raasumaal

радити

shaqee

службеник

shaqaale

послодавац

shaqaaleysiiye

фабрика

warshad

продавница

dukaan

занимања
shaqooyin

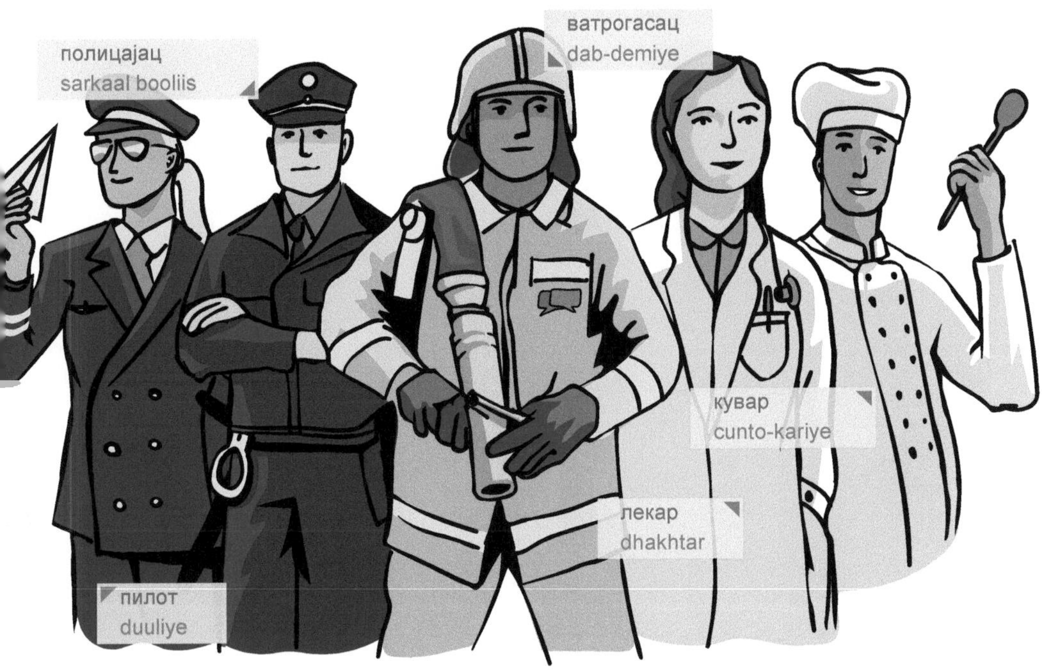

полицајац
sarkaal booliis
ватрогасац
dab-demiye
кувар
cunto-kariye
лекар
dhakhtar
пилот
duuliye

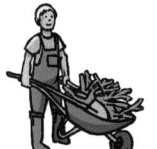

вртлар

beeralley

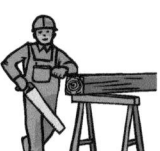

столар

nijaar

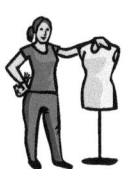

кројачица

timo-qurxiso

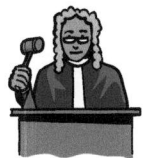

судија

qaaddi

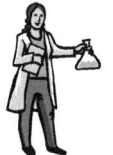

хемичар

farmashiiste

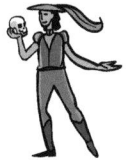

глумац

jile

возач аутобуса

darawal bas

возач таксија

taksiile

рибар

kalluumeyste

чистачица

nadiifiso

кровопокривач

saqaf-dhise

конобар

kabalyeeri

ловац

ugaarsade

сликар

rinjiile

пекар

rooti-dube

електричар

koronto-yaqaan

грађевински радник

dhise

инжењер

injineer

месар

kawaanle

лимар

tuubbiiste

поштар

boostaale

војник

askari

архитекта

injineer-dhismo

благајник

qasnaji

цвећар

ubax-yaqaan

фризер

timo-jare

кондуктер

kiro-uruuriye

механичар

makaanik

капетан

kabtan

зубар

dhakhtar-ilko

научник

saaynisyahan

раби

wadaad yahuud

имам

imaam

монах

xerow

свећеник

wadaad

алати
qalab

чекић
dubbe
клешта
biinsi
одвијач
kashawiito
кључ за завртње
kiyaawe
џепна лампа
toosh

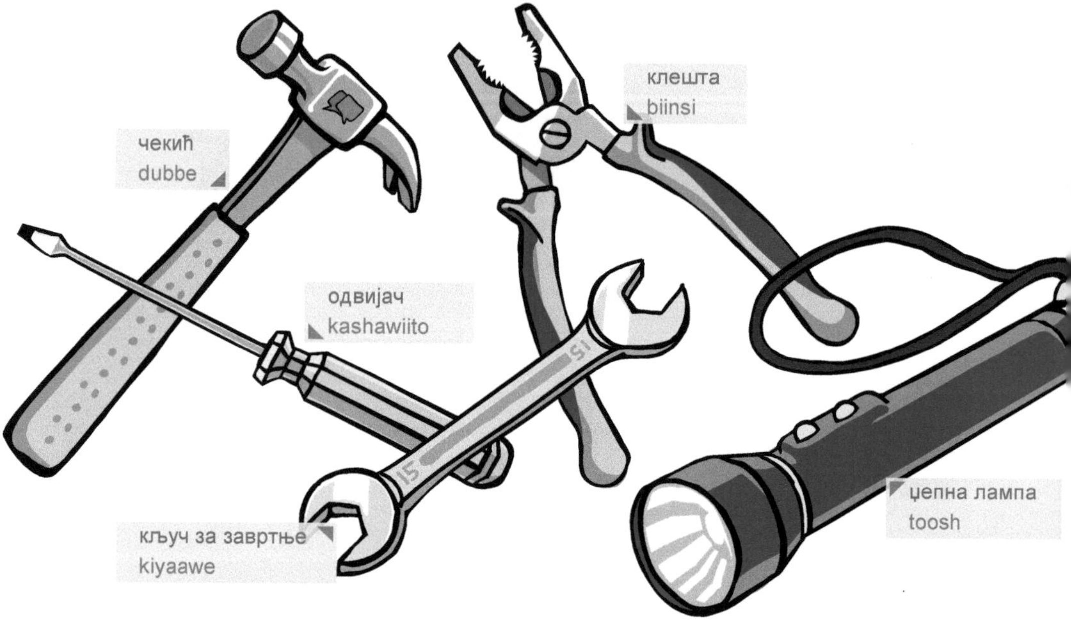

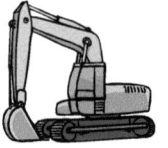

багер
dhul-qoddo

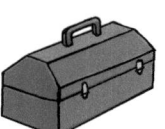

кутија за алат
qalab-xajiye

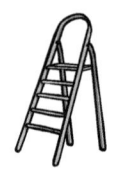

мердевине
jaraanjaro

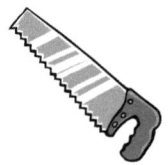

пила
miinshaar

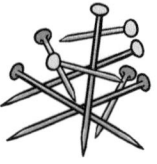

ексер
musbaarro

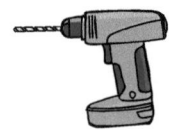

бушилица
dalooliye

поправити
dayactir

лопата
badiil

до ђавола!
inkaar kugu dhacday!

лопатица
bus-xaabiye

лонац за боју
gasacad rinji

завртањи
boolal

музички инструмент
qalab muusiko

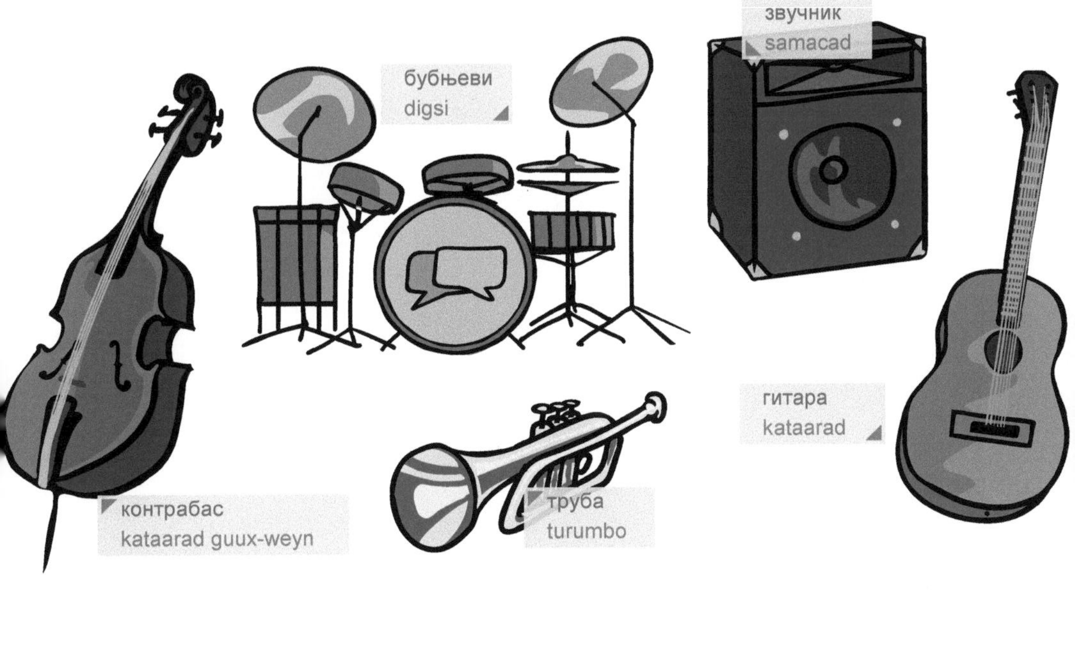

звучник
samacad

бубњеви
digsi

контрабас
kataarad guux-weyn

труба
turumbo

гитара
kataarad

клавир

biyaano

виолина

fiyooliin

бас

karaarad guux-dheer

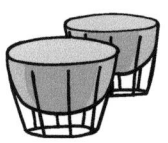

тимпани

durbaan-sheegagle

ударáљке за бубњеве

durbaan

типке клавира

loox-xarfeed-biyaano

саксофон

turumbo

флаута

siin-baar

микрофон

makarafoon

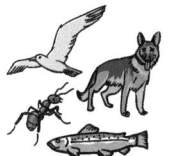

зоолошки врт

beer-xayawaan

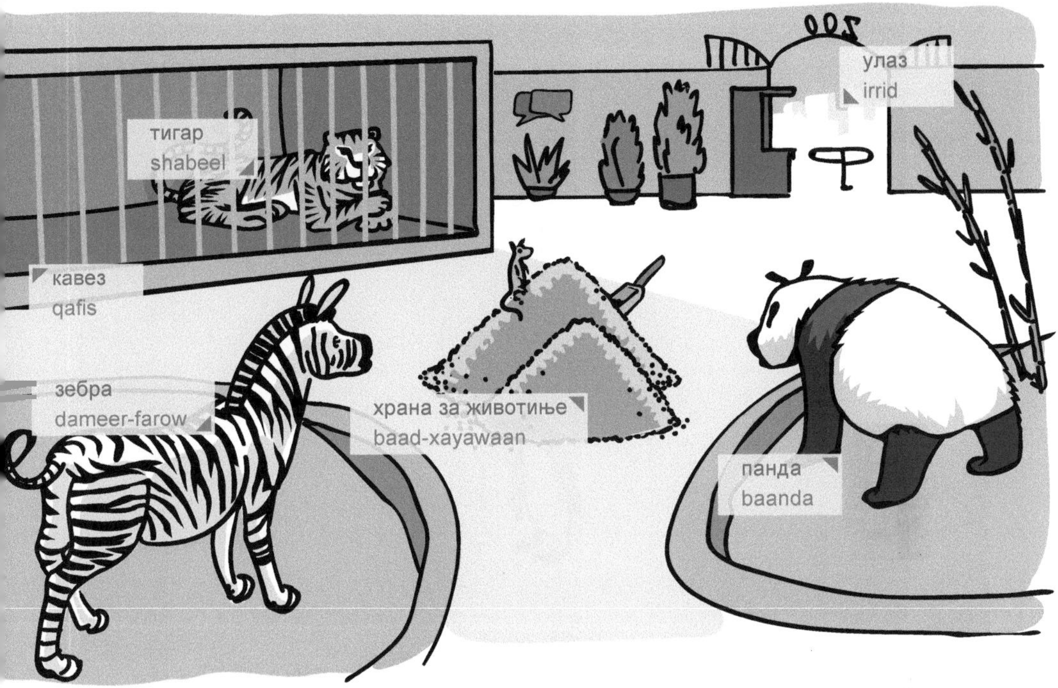

тигар
shabeel
улаз
irrid
кавез
qafis
зебра
dameer-farow
храна за животиње
baad-xayawaan
панда
baanda

животиње

xayawaan

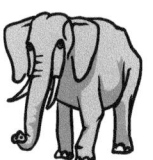

слон

maroodi

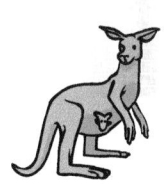

кенгур

kaangaruu

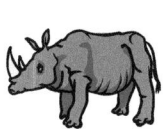

носорог

wiyil

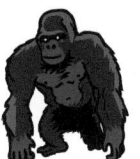

горила

goriille

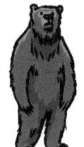

медвед

oorso

камила

geel

нoj

gorayo

лав

libaax

мајмун

daanyeer

фламинго

xiita-luga-dheer

папагај

baqbaqaa

поларни медвед

oorso baraf-ku-nool

пингвин

shimbir baraf

ајкула

libaax-badeed

паун

daa'uus

змија

mas

крокодил

yaxaas

чувар у зоолошком врту

beer-xayawaan ilaaliye

туљан

bahal kalluun-cun

јагуар

shabeel-u-eke

пони

dhal faras

леопард

harmacad

нилски коњ

jeer

жирафа

geri

орао

gorgor

дивља свиња

doofaar-jilibeey

риба

kalluun

корњача

qubo

морж

maroodi-badeed

лисица

dawaco

газела

deero

спорт
isboortiga

амерички ногомет
kubadda-cagta maraykanka

бициклизам
tartanka bashkuleetiga

тенис
kubbadda miiska

кошарка
kubbadda koleyga

пливање
dabaal

бокс
cayaarta feerka

хокеј на леду
hookiga barafka lagu dhe

фудбал	бадминтон	атлетика
kubadda cagta	baadminton	ciyaaraha fudud

рукомет	скијање	поло
kubadda gacanta	iskii/ciyaarta barafka	cayaar-faras

скочити
boodid

певати
hees

загрлити
hab-siin

смејати се
qosol

ићи
soco

молити се
duceyso

пољубити
dhunkasho

сањати
riyo

писати
qorraxeed

цртати
masawirid

показати
muuji

гурати
riix

дати
sii

узети
qaado

имати

haysasho

чинити

samee

бити

ahaansho

стојати

istaag

трчати

orod

повлачити

jiid

бацити

tuur

падати

dhicid

лежати

been-sheegid

чекати

sug

носити

qaad

седити

fariiso

облачити

labiso

спавати

seexo

пробудити се

toos

гледати

fiiri

плакати

ooy

миловати

dhuftay

чешљати

shanleyso

говорити

hadal

разумети

faham

питати

weydii

слушати

dhageysasho

пити

cab

јести

cun

поспремити

habee

волети

jacayl

кухати

kari

возити

kaxee

летети

duulid

пловити

shiraaco

рачунати

xisaabi

читати

akhri

учити

barasho

радити

shaqee

венчати се

guurso

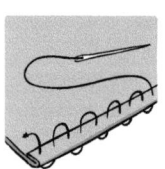

шити

tol

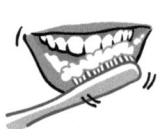

прати зубе

cadayso

убити

dilid

пушити

sigaar cab

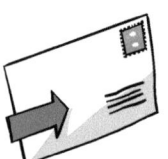

послати

dir

породица

qoys

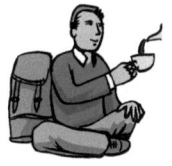

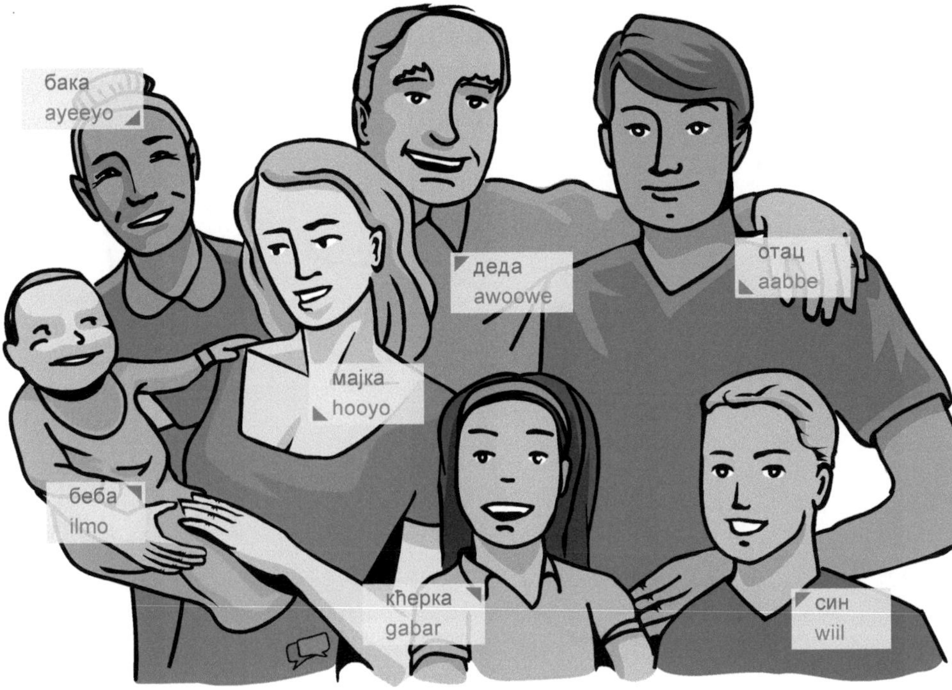

бака
ayeeyo
деда
awoowe
отац
aabbe
мајка
hooyo
беба
ilmo
кћерка
gabar
син
wiil

гост

marti

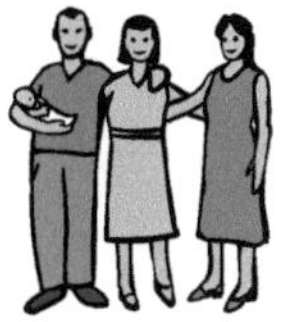

тетка

eeddo

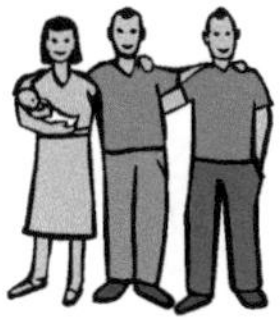

ујак, стриц

adeer

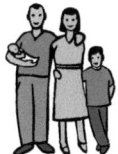

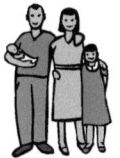

брат

walaal rag

сестра

walaal dumar

тело

jir

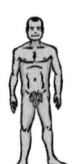

чело
fool
око
il
раме
garab
прст
far
лице
weji
брада
gar
рука
gacan
ноga
lug
груди
naas
рука
cudud

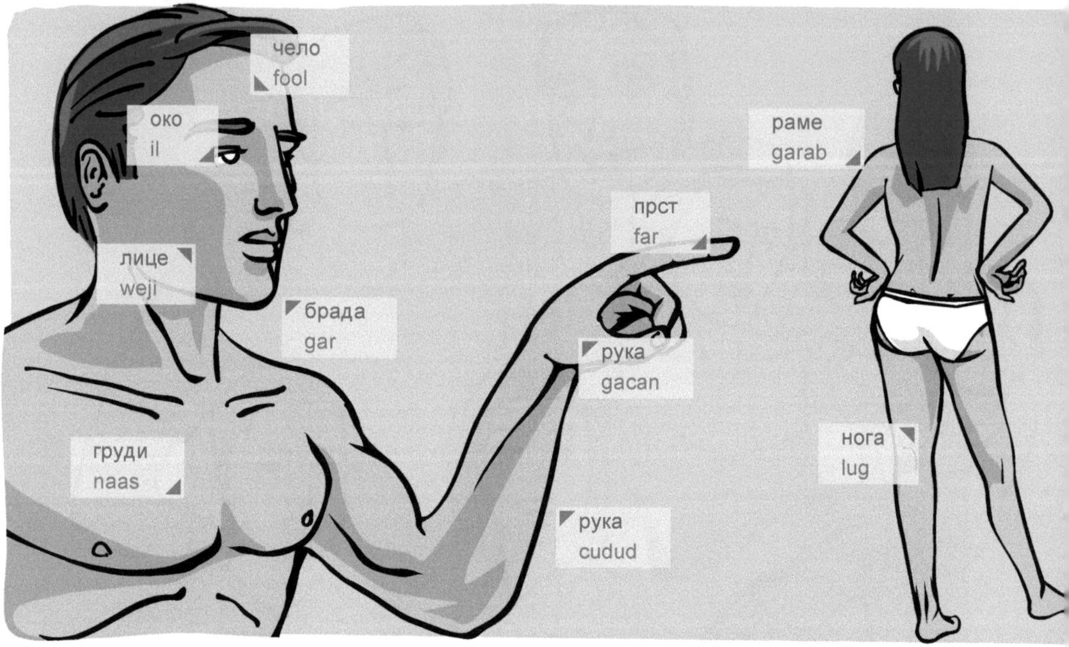

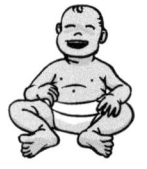

беба

ilmo

мушкарац

nin

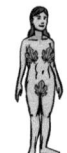

жена

naag

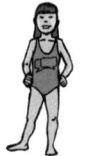

девојчица

gabar

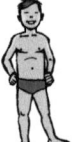

дечак

wiil

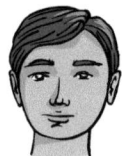

глава

madax

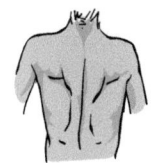

леђа
dhabar

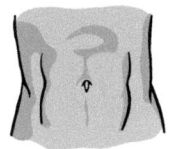

стомак
calool

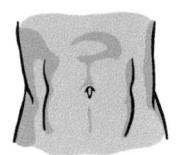

пупак
xuddun

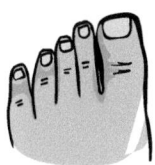

ножни прст
suul

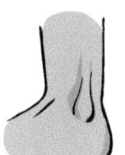

пета
cirib

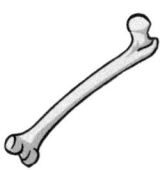

кост
laf

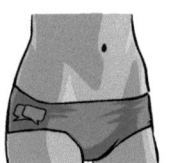

кукови
sin

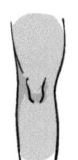

колено
jilib

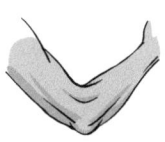

лакат
xusul

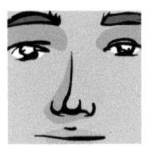

нос
san

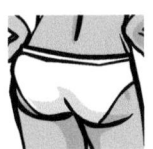

задњица
bari

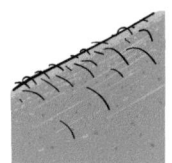

кожа
maqaar

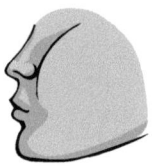

образ
dhafoor

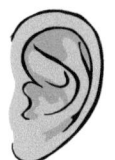

уво
dheg

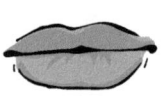

усна
bishin

тело - jir

уста

af

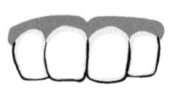

зуб

ilig

језик

carrab

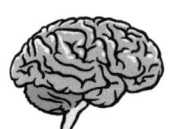

мозак

maskax

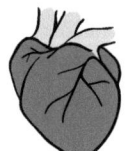

срце

wadno

мишић

muruq

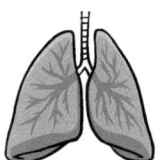

плућа

sambab

јетра

beer

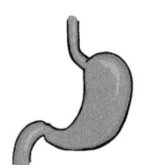

желудац

uur kujirta caloosha

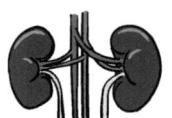

бубрези

kelyo

полни однос

galmo

кондом

cinjir-galmo

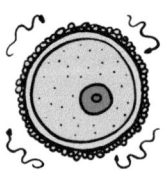

јајна ћелија

ugxan

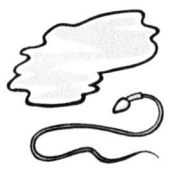

сперма

shahwo

трудноћа

uur

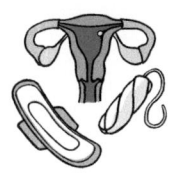

менструација

caado

вагина

siil

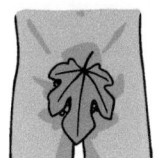

пенис

gus

обрва

suni

коса

timo

врат

qoor

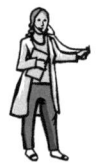

болница

isbitaal

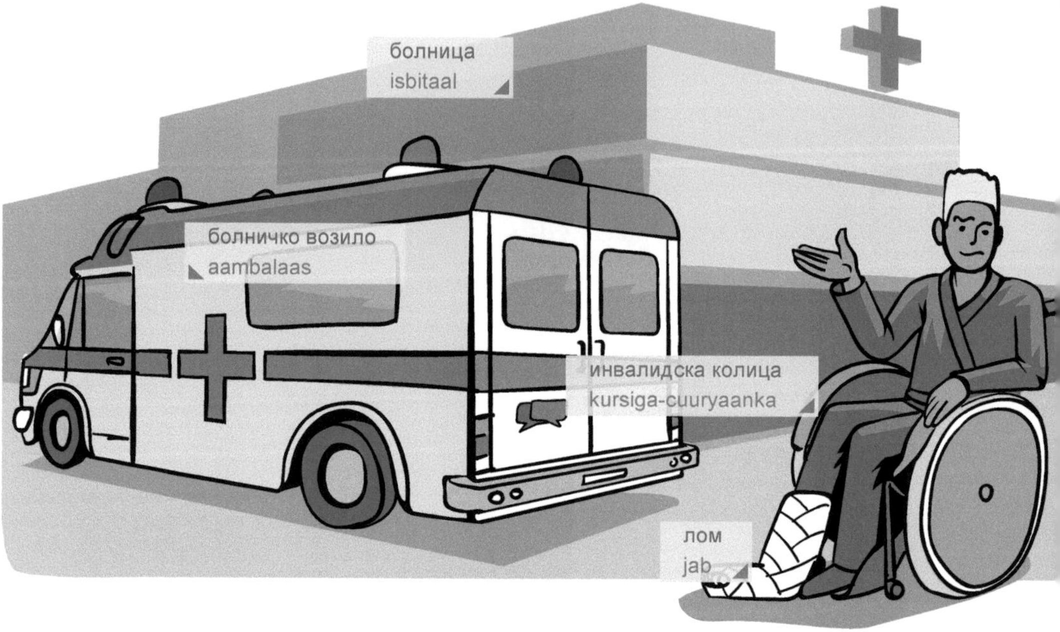

болница
isbitaal
болничко возило
aambalaas
инвалидска колица
kursiga-cuuryaanka
лом
jab

лекар

dhakhtar

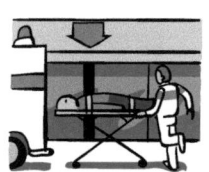

хитна медицинска служба

qolka xaaladaha-degdega ah

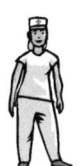

медицинска сестра

kalkaaliye

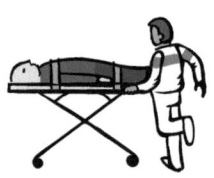

хитни случај

xaalad deg-deg ah

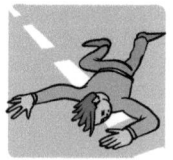

несвест

miyir-beelsan

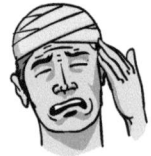

бол

xanuun

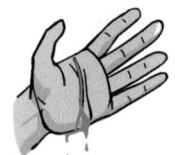

повреда

dhaawac

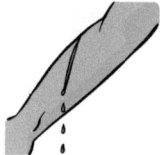

крварење

dhiig-bax

срчани удар

wadno-xanuun

удар

qallal

алергија

xasaasiyad

кашаљ

qufac

грозница

qandho

грипа

hargab

пролив

shuban

главобоља

madax-xanuun

рак

kansar

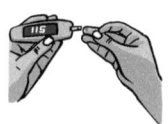

дијабетес

cudurka sokoroow

хирург

dhakhtarka-qalliinka

скалпел

mindida qalliinka

операција

qalliin

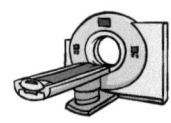

цт

iskaan

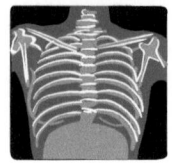

рентген

raajo

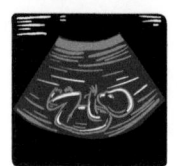

ултразвук

dhawaaq-xawaareed

маска

maaskaro

болест

cudur sokoroow

чекаона

qolka sugitaanka

штака

ul lagu boodo

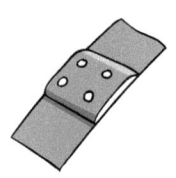

фластер

kab

завој

faashato

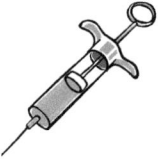

ињекција

duris

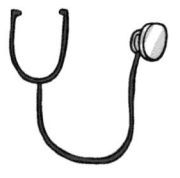

стетоскоп

wadne-dhegeyeste

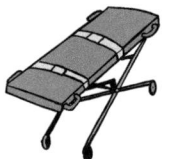

носила

balankiino

термометар

heer-kul-beega qandhada

рођење

dhalasho

прекомерна тежина

aad-u-cayilan

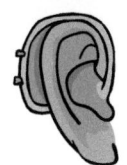

слушни апарат

maqal-caawiye

средство за дезинфекцију

jeermis-dile

инфекција

caabuq

вирус

feyras

хив / аидс

AYDHIS/HIV

медицина

daawo

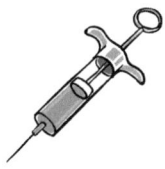

вакцинација

tallaal

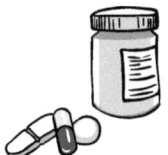

таблете

kaniiniyo

пилула

kaniin

хитни позив

wicitaan deg-deg ah

уређај за мерење притиска

cabbiraha dhiig-karka

болесно / здраво

xanuunsan / caafimaadsan

помоћ!

i caawiya!

аларм

sawaxan

насртај

weerar-kadisa ah

напад

weerar

опасност

khatar

излаз у случају нужде

irridda bixida xaalad-deg-deg

пожар!

dab!

противпожарни апарат

dab demiye

незгода

shil

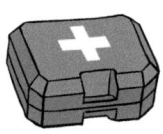

кутија прве помоћи

saduuqa xaalada-degdega ah

сос

codsi badbaado

полиција

booliis

Европа

Yurub

Северна Америка

woqooyiga ameerika

Јужна Америка

koonfurta ameerika

Африка

Afrika

Азија

Aasiya

Аустралија

Oostareeliya

Атлантик

Atlaantik

Пацифик

Pacific

Индијски океан

Bad-waynta hindiya

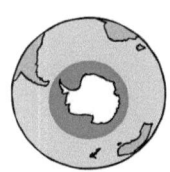

Антарктички океан

Bad-waynta antarctica

Арктички океан

Bad-waynta arctic

Северни рол

cirifka waqooyi

Јужни рол

cirifka koonfureed

Антарктик

Antarctica

земља

dhul

земља

dhul

море

bad

оток

jasiirad

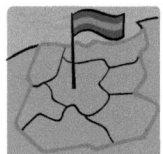

нација

waddan

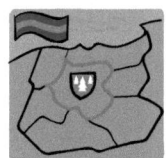

држава

gobol

бројчаник сата

wajiga saacadda

сатна казаљка

gacanka saacada

минутна казаљка

gacanka daqiiqada

секундна казаљка

gacanka ilbiriqsiga

Колико је сати?

waa intee saac?

дан

maalin

време

wakhti

сада

hadda

дигитални сат

saacadda jiifarrada

минута

daqiiqad

час

saacad

седмица
toddobaad

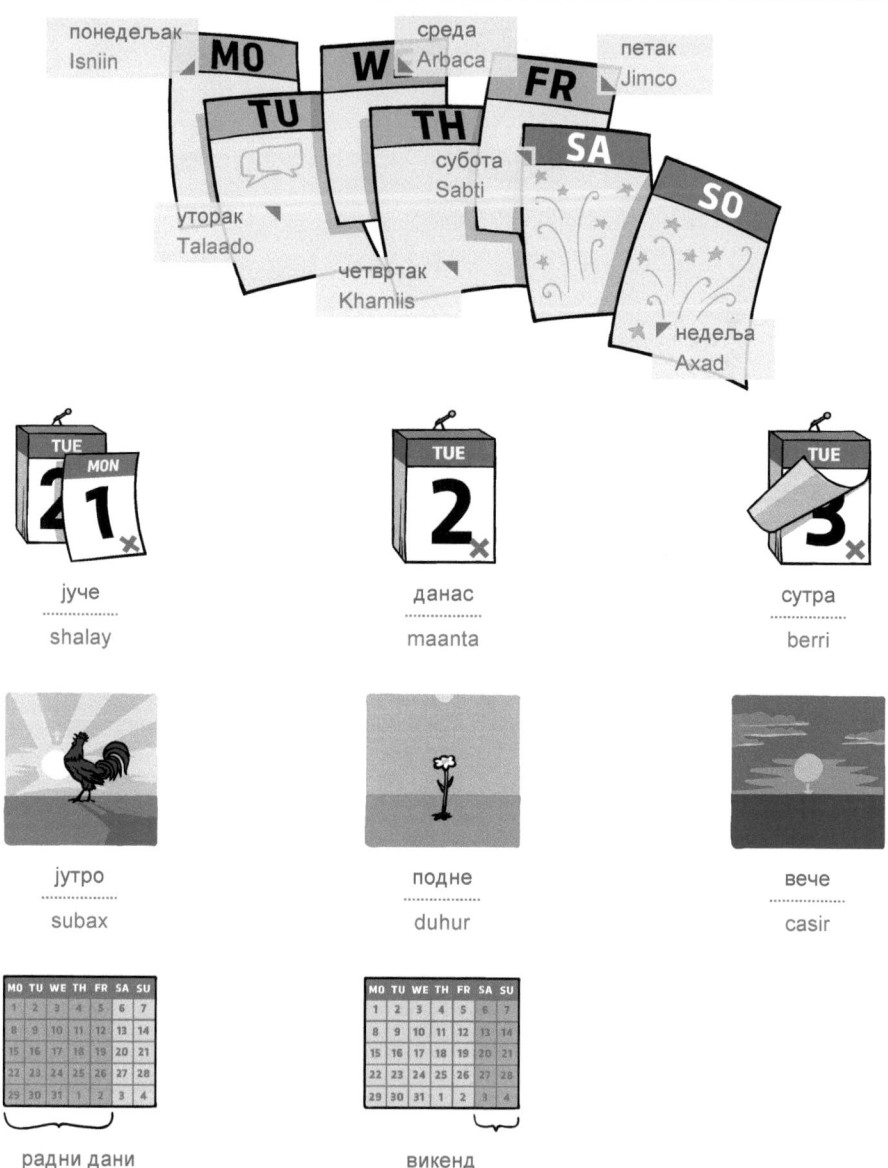

понедељак
Isniin

среда
Arbaca

петак
Jimco

уторак
Talaado

субота
Sabti

четвртак
Khamiis

недеља
Axad

јуче
shalay

данас
maanta

сутра
berri

јутро
subax

подне
duhur

вече
casir

радни дани
maalmaha shaqo

викенд
dabayaaqada usbuuca

година

sanad

киша
roob
дуга
qaanso-roobaad
снег
roob-baraf
ветар
dabayl
пролеће
gu'
јесен
deyr
лето
xagaa
зима
jiilaal

4.APRIL 11°
5.APRIL 4°
6.APRIL 13°
7.APRIL 8°
8.APRIL 10°

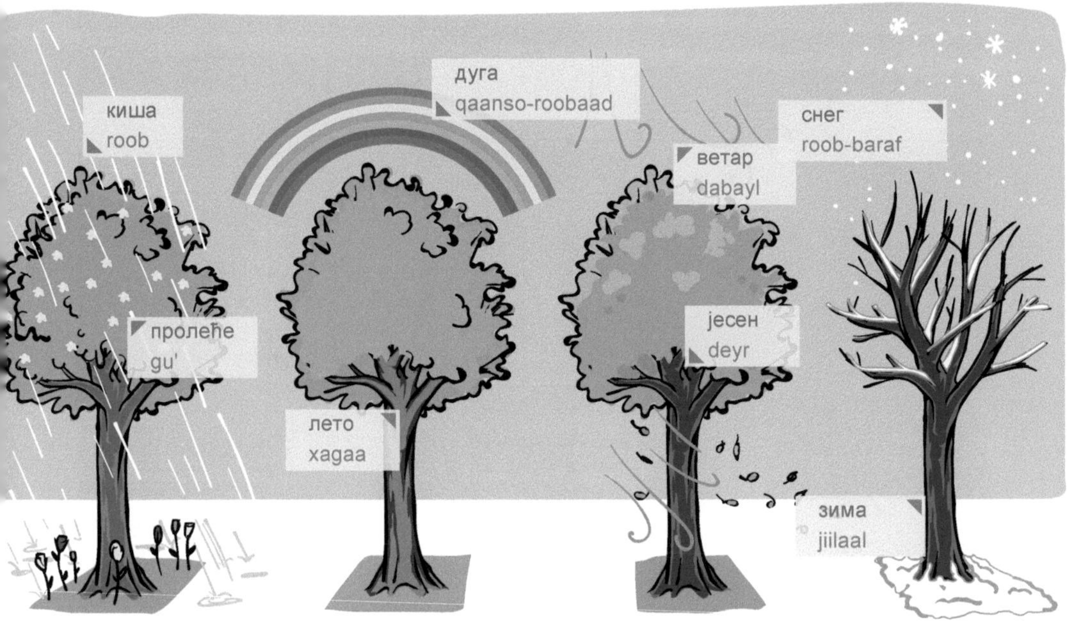

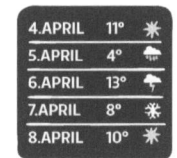

метеоролошка прогноза

saadaal hawo

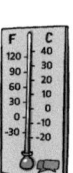

термометар

heer-kul baare

сунчана светлост

qorraxeed

облак

daruur

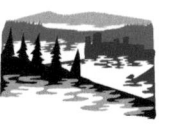

магла

ceeryaamo

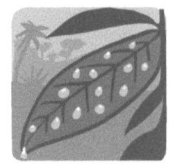

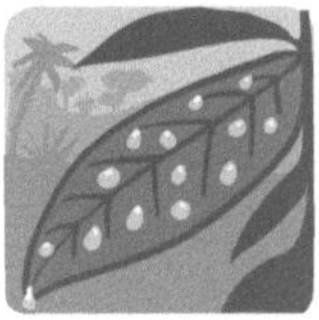

влажност ваздуха

huur

муња

jac

грмљавина

onkod

олуја

duufaan

туча

roob-baraf

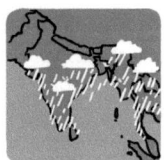

монсун

maansuun

поплава

daad

лед

baraf

јануар

Jannaayo

фебруар

Febraayo

март

Maarso

април

Abriil

мај

Mey

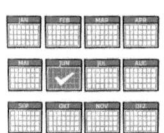

јуни

Juun

јули

Luulyo

август

Agoosto

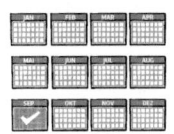

септембар

Sebteember

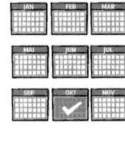

октобар

Oktoobar

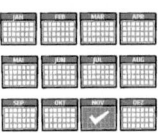

новембар

Nofeember

децембар

Diseember

облици
qaababka

круг

goobaabo

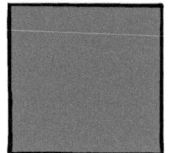

квадрат

afar-gees

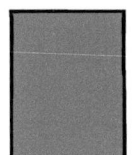

правоугао

leydi

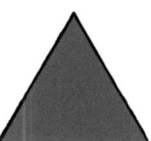

троугао

saddex-xagal

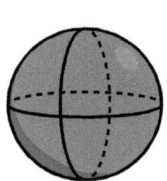

кугла

wareeg

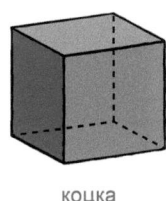

коцка

bokis

бела

caddaan

жута

hurdi

наранџаста

oranji

ружичаста

guduud-khafiif

црвена

casaan

љубичаста

carwaajis

плава

bluug

зелена

cagaar

смеђа

boroon

сива

cawl

црна

madow

много / мало

badan / yar

љутито / мирно

caro / daganaan

лепо / ружно

qurxoon / foolxun

почетак / крај

billow / dhammaad

велико / малено

yar / weyn

светло / тамно

iftiin / mugdi

брат / сестра

walaalkaa / walaashaa

чисто / прљаво

nadiif / wasakhaysan

потпуно / непотпуно

buuxa / dhantaalan

дан / ноћ

maalin / habeen

мртво / живо

dhintay / nool

широко / уско

ballaaran / ciriiri ah

јестиво / нејестиво

la cuni karo / aan la cuni karin

зло / добро

arxan-daran / naxariis-badan

узбуђено / досадно

faraxsan / caajisan

дебело / мршаво

buuran / caateysan

на почетку / на крају

ugu horeeya / ugu dambeeya

пријатељ / непријатељ

saaxiib / cadaw

пуно / празно

maran / buuxa.

тврдо / мекано

adag / jilicsan

тешко / лагано

culus / fudud

глад / жеђ

gaajo / oon

болесно / здраво

xanuunsan / caafimaadsan

илегално / легално

sharci-darro / sharci

паметно / глупо

caaqil / dabbaal

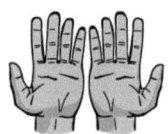

лево / десно

bidix / midig

близу / далеко

dhow / fog

ново / половно

cusub / duug

ништа / нешто

waxba / wax

старо / младо

da' / dhalinyar

укључено / искључено

daaris / damin

отворено / затворено

furan / xiran

тихо / гласно

aamusnaan / cod-dheer

богато / сиромашно

taajir / sabool

тачно / погрешно

sax / khalad

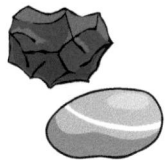

храпаво / глатко

jilif leh / sabiibax

тужно / сретно

murugsan / faraxsan

кратко / дуго

gaaban / dheer

полако / брзо

tartiib / dhaqsi

мокро / сухо

qoyaan / qalleyl

топло / хладно

qandac / qabow

рат / мир

dagaal / nabad

бројеви
lambarro

0
нула
eber

1
један
kow

2
два
laba

3
три
saddex

4
четири
afar

5
пет
shan

6
шест
lix

7
седам
toddoba

8
осам
sideed

9
девет
sagaal

10
десет
toban

11
једанаест
kow iyo toban

12

дванаест

laba iyo toban

13

тринаест

sadex iyo toban

14

четрнаест

afar iyo toban

15

петнаест

shan iyo toban

16

шестнаест

lix iyo toban

17

седамнаест

todoba iyo toban

18

осамнаест

sideed iyo toban

19

деветнаест

sagaal iyo toban

20

двадесет

labaatan

100

стотину

boqol

1.000

хиљаду

kun

1.000.000

милион

malyuun

енглески

Af ingiriis

амерички енглески

Ingiriiska Mareykanka

мандарински кинески

Mandariinka Shiinaha

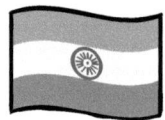

хиндски

Hindi

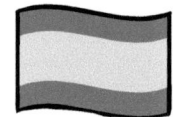

шпански

Boortaqiis

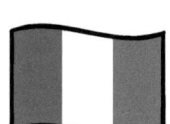

француски

Faransiis

арапски

Carabi

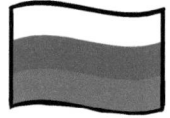

руски

Ruush

португалски

Boortaqiis

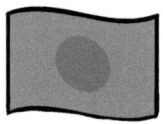

бенгалски

Bengaali

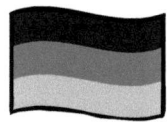

немачки

Jarmal

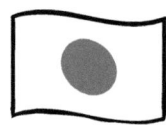

јапански

Jabaaniis

ја

aniga

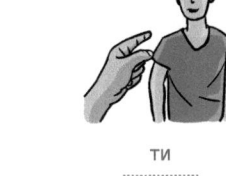

ти

adiga

он / она / оно

asaga / ayada

ми

annaga

ви

idinka

они

ayaga

Ко?

kee?

Шта?

maxay?

Како?

sidee?

Где?

xagee?

Када?

goorma?

HELLO, I AM

име

magac

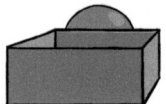

иза

gadaal

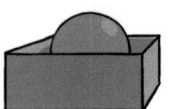

у

gudaha

испред

horta

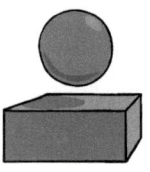

преко

ka sare

на

dusha

испод

ka hooseeya

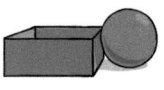

поред

dhinac

између

u dhexeeya

место

meel